EMMA SONNEFELDT

Quality Time

EMMA SONNEFELDT

Quality Time

100 kleine und große Abenteuer für Paare

riva

Vorwort

Liebes Paar,

wie schön, dass ihr dieses Buch zur Hand genommen habt und euch dazu entscheidet, einander mehr Zeit zu widmen!
Gemeinsame Zeit ist das Wertvollste, das wir unseren Liebsten schenken können. Vor allem in einer Beziehung vergessen wir oft, dass der Alltag und das Zusammenwohnen nicht ausreichen, um die enge Verbundenheit und die Liebe zueinander aufrechtzuerhalten. Selbst Menschen, die nach eigenem Gefühl eine sehr gesunde Beziehung führen, wünschen sich oft mehr Abwechslung, gemeinsame Erlebnisse und hin und wieder die ungeteilte Aufmerksamkeit ihres Partners oder ihrer Partnerin.
Tolle Dates und aufregende Abenteuer sind nicht nur Frischverliebten vorbehalten – auch in langjährigen Beziehungen können gemeinsame Aktivitäten dabei helfen, miteinander zu wachsen und neue Seiten aneinander zu entdecken. Die Date-Ideen in diesem Buch sind in drei Kategorien aufgeteilt:

    Abenteuer in den eigenen vier Wänden (1–42)
    Abenteuer an der frischen Luft (43–74)
    Abenteuer an verschiedenen Orten außerhalb eures Zuhauses (75–100)

Stöbert nach Herzenslust in dieser »Abenteuer-Kiste«, sucht euch die Date-Ideen aus, auf die ihr Lust habt, und verbringt wunderbare Stunden in Zweisamkeit. Wenn ihr möchtet, könnt ihr eure Einträge in unterschiedlichen Farben machen. Dann wisst ihr später noch, wer von euch welches Abenteuer wie bewertet hat.

Viel Spaß!
Emma Sonnefeldt

Abenteuer in den eigenen vier Wänden

1

Entspannter Wellnesstag

Für ein bisschen Wellness, das die Seele streichelt, muss man nicht unbedingt das Haus verlassen. Holt euch euer persönliches Wellnesspaket nach Hause und verwöhnt euch mit einer Fangopackung, einem Schaum- oder Fußbad und massiert euch gegenseitig die Füße. Die passende Spa-Stimmung könnt ihr euch leicht schaffen, indem ihr ein paar Kerzen anzündet und einen milden Raumduft in die Luft gebt. So könnt ihr ganz wunderbar entspannen, eure Zweisamkeit genießen und mit voller Aufmerksamkeit füreinander da sein.

Für diese Wellnessaktivität(en) haben wir uns entschieden:

_____

_____

So entspannt sind wir jetzt:

Würden wir dieses Abenteuer gerne wiederholen? Würden wir etwas anders machen?

_____

_____

_____

Datum: _____   Spaßfaktor:

In Erinnerungen schwelgen

Gemeinsame Erlebnisse wie Ausflüge, Urlaube und Feiern schweißen zusammen. Welche gemeinsamen Erinnerungen erfüllen euch mit Glück und Liebe? Nehmt euch einen Abend lang Zeit, um zu zweit gemütlich auf dem Sofa Fotos – egal, ob gedruckt oder digital – anzusehen und in Erinnerungen zu schwelgen. Bestimmt fällt euch dabei auch die ein oder andere Anekdote wieder ein, die ihr schon fast vergessen hattet.

Dieses Foto hat uns während des Abends am besten gefallen / Über dieses Foto mussten wir am meisten lachen:

Datum: _____   Spaßfaktor:

3

Sanfte Berührungen

Sich wirklich Zeit füreinander zu nehmen und einander die volle Aufmerksamkeit zu schenken, gelingt am besten, wenn man keine Ablenkungen zulässt. Verbannt »Störenfriede« wie zum Beispiel eure Smartphones für die folgende Aktivität in einen anderen Raum. Nehmt euch mindestens eine halbe Stunde Zeit, um euch gegenseitig durch sanftes Streicheln über Rücken, Arme, Gesicht und Beine sowie sanfte Küsse auf Hals und Stirn zu verwöhnen. Zärtlichkeiten wie diese stärken nicht nur eure Verbundenheit, sie sorgen auch für die Ausschüttung von Glückshormonen und tragen zu eurer mentalen Gesundheit bei.

So haben wir uns während der Berührungen gefühlt:

○ entspannt   ○ nervös   ○ geliebt   ○ geborgen   ○ erregt
○ albern   ○ beschützt   ○ ruhig   ○ leicht   ○ gelangweilt
○ erfüllt   ○ müde   ○ lebendig

Wünschen wir uns solche Berührungen häufiger?
_____
_____
_____

Datum: _____   Spaßfaktor: ☆☆☆☆☆

Selbstgemacht

Sucht euch für dieses Date etwas aus, das ihr normalerweise im fertigen Zustand kauft, das ihr jetzt aber gemeinsam selbst herstellt. Dies kann zum Beispiel ein leckeres Müsli sein, eure Lieblingsmarmelade oder eine schmeichelnde Handcreme. Rezepte findet ihr je nach Geschmack im Netz. Plant gemeinsam, welche Zutaten ihr benötigt, wo ihr diese kauft und wer welche Aufgaben bei der Herstellung übernimmt. Erschafft Seite an Seite euer eigenes Produkt. Als Team seid ihr unschlagbar!

Das haben wir gemeinsam hergestellt:

_____

_____

So gut hat es funktioniert:

Gar nicht gut!   Super!

1   2   3   4   5   6   7   8   9   10

Das könnten wir in Zukunft mal selbst herstellen:

_____

_____

_____

Datum: _____   Spaßfaktor: ☆ ☆ ☆ ☆ ☆

5

Worte der Liebe

Wann habt ihr zuletzt einen Brief verfasst? Die meisten von uns schreiben heutzutage keine Briefe mehr, auch Postkarten werden kaum noch verschickt. Doch eine geschriebene Botschaft zu erhalten, löst nach wie vor besondere Freude aus. Schreibt einander Liebesbriefe und lest sie euch gegenseitig vor. Überlegt in aller Ruhe, was ihr eurer oder eurem Partner*in sagen möchtet. Was liebt und schätzt ihr aneinander? Wofür seid ihr dankbar?

Wie hat es sich angefühlt, unsere Liebe in Worte zu fassen?

_____

_____

Das sind zwei besonders schöne Sätze aus unseren Briefen:

_____   _____

_____   _____

_____   _____

_____   _____

Datum: _____   Spaßfaktor: ☆ ☆ ☆ ☆ ☆

Körperkunst

Steht heute einander als lebende Leinwände zur Verfügung und probiert Bodypainting aus. Kauft dafür hautfreundliche und wasserlösliche Körperfarben. Am besten bemalt ihr euch an einem warmen Tag gegenseitig im Badezimmer oder – falls ihr einen habt – im Garten (bekleidet mit Badesachen, versteht sich). So bleibt eure Einrichtung außer Gefahr. Lasst eurer Kreativität freien Lauf und genießt die gegenseitige Berührung. Nicht vergessen: Fotos machen!

So sahen wir als lebende Kunstwerke aus:

Datum: _____ Spaßfaktor: ☆ ☆ ☆ ☆ ☆

7

Schokofondue

Ein Dessert, das sich wunderbar zu zweit genießen lässt, ist Schokofondue. Wählt hierfür das Obst aus, das ihr gerne mögt, schneidet es in kleine Stücke und stellt es in Schüsseln oder auf Tellern bereit. Schmelzt Schokolade (am besten geeignet ist Vollmilchschokolade) in einem Fonduetopf. Ihr könnt auch einen normalen Topf verwenden – informiert euch im Netz, auf was ihr dabei achten müsst, damit die Schokolade lang genug flüssig bleibt.

Diese Obstsorten haben wir verwendet:

Danach

○ waren wir wunschlos glücklich
○ war uns schlecht

Datum: _____   Spaßfaktor: ☆☆☆☆☆

Gemeinsam entkommen

Vielleicht wart ihr schon mal in einem Escape Room, aus dem ihr entkommen müsst, indem ihr Rätsel löst? Dieses spannende Spiel könnt ihr auch zu Hause spielen. Es gibt zahlreiche Escape- und Exit-Spiele im Buch- und Spielwarenhandel. Versorgt euch mit Snacks und Getränken und los geht's! Als Team schafft ihr es ganz sicher, die kniffligen Rätsel zu knacken und erfolgreich zu entkommen.

Das ist unser persönlicher Sieger*innen-Pokal:

Für dieses Spiel haben wir uns entschieden:
_____

Datum: _____   Spaßfaktor: ☆ ☆ ☆ ☆ ☆

Heimprojekt

Euer Zuhause soll ein Ort sein, an dem ihr euch wohlfühlt und an dem ihr euch gerne aufhaltet. Dabei spielt auch die Optik eine große Rolle. Gemütlichkeit entsteht nicht nur durch die richtigen Möbel, sondern auch durch Farbe, Dekoration und ansprechende Materialien. Sucht euch gemeinsam ein Renovierungsprojekt aus, das ihr schon seit längerer Zeit mal angehen wolltet. Dies kann ein Raum sein, den ihr neu streicht, ein Möbelstück, das abgeschliffen und lackiert werden soll oder das Umstellen von Möbeln, wodurch ein Zimmer plötzlich ganz anders wirken kann. Wohnt ihr getrennt, dann sucht euch für jede*n von euch ein Projekt aus, das ihr zusammen angeht.

Das haben wir verändert:

_____

_____

_____

Wir waren uns

○ immer

○ meistens

○ überhaupt nicht

einig.

Datum: _____   Spaßfaktor: ☆☆☆☆☆

Als wir Kinder waren

Wie wart ihr als Kinder? Welche Erinnerungen habt ihr an eure Kindheit? Hättet ihr euch gut verstanden, wenn ihr euch damals begegnet wärt? Oder habt ihr sogar gemeinsame Erinnerungen? Holt die alten Fotoalben aus dem Keller und macht euch einen gemütlichen Abend, an dem ihr euch alte Kinderfotos anschaut und eure Erinnerungen teilt. Zu wissen, was der oder die andere erlebt hat und wie die Kindheit verlief, schafft ein besseres Verständnis für die Eigenarten und Verhaltensweisen eures Partners oder eurer Partnerin.

Das haben wir Neues übereinander erfahren:

_____

_____

_____

_____

_____

Wer von uns hatte als Kind die lustigeren Faschingsverkleidungen?

_____

Wir waren als Kinder eher

○ ähnlich

○ unterschiedlich

Datum: _____   Spaßfaktor: ☆☆☆☆☆

Bucket List

Habt ihr euch schon mal Gedanken darüber gemacht, was ihr unbedingt zusammen erleben möchtet? Nutzt diese Seite, um all die Dinge aufzuschreiben, die auf eurer gemeinsamen Bucket List nicht fehlen dürfen. Ob Gleitschirmfliegen, Basejumping, in einer heißen Quelle baden oder eine Paarmassage: Eurer Ideenfindung sind keine Grenzen gesetzt. Nur einig solltet ihr euch dabei sein.

1. _____
2. _____
3. _____
4. _____
5. _____
6. _____
7. _____
8. _____
9. _____
10. _____

Datum: _____ Spaßfaktor: ☆ ☆ ☆ ☆ ☆

Die perfekte Ergänzung

12

Ihr ergänzt euch wie ein Puzzleteil das andere? Dann ist dieses Date genau das Passende für euch. Sucht euch ein Motiv aus, das euch beiden gefällt, und wählt die Größe des Puzzles je nach eurer Erfahrung und der Zeit, die ihr zur Verfügung habt. Zusammen ein Puzzle zu lösen, hat eine meditative Wirkung, stärkt euer Teamwork und ist echte Quality Time!

Das ist auf unserem Puzzle zu sehen:

_____

_____

Um das Puzzle zusammenzusetzen, haben wir so lange gebraucht:

_____

Das würden wir

auf keinen Fall — 1 — 2 — 3 — 4 — 5 — 6 — 7 — 8 — 9 — 10 — auf jeden Fall

noch mal zusammen machen.

Datum: _____   Spaßfaktor: ☆ ☆ ☆ ☆ ☆

13

Porträts zeichnen

Ihr seht euch jeden Tag oder zumindest regelmäßig und kennt euch wirklich gut. Doch habt ihr das Gesicht eures Lieblingsmenschen schon mal so richtig aufmerksam betrachtet? Nehmt euch die Zeit, einander eingehend zu studieren und eure Entdeckungen gegenseitig in Porträts festzuhalten. Ihr müsst keine Picassos sein oder einen bestimmten Anspruch erfüllen. Macht euch frei von Scham und Perfektionismus und lasst eure Kreativität frei fließen.

Welche liebenswerten Details haben wir aneinander entdeckt?

_____

_____

_____

Um ehrlich zu sein: Der bessere Künstler von uns beiden ist:

_____

Unsere Kunstwerke

○ hängen wir uns an die Wand

○ verstauen wir ganz hinten im Schrank

Datum: _____ Spaßfaktor: ☆☆☆☆☆

»Was ist dein Lieblings...?«

Macht den ultimativen »Wie gut kennen wir uns wirklich?«-Test und stellt euch eine Reihe an Fragen, die mit »Was ist dein/deine Lieblings...« beginnen. Schreibt dafür zunächst eine Liste mit Themen wie Farbe, Tier, Essen, Süßigkeit, Zahl, Pflanze, Lied, Buch, Getränk, Jahreszeit, Eissorte und was euch sonst noch einfällt und notiert dahinter eure Antworten. Ihr könnt daraus auch ein kleines Spiel machen, indem ihr zunächst ratet, was die Antworten eures Gegenübers sein werden.

Wir kennen uns

anscheinend nicht sehr gut   in- und auswendig

1   2   3   4   5   6   7   8   9   10

Das sind die schrägsten Themen, die uns eingefallen sind:
_____
_____
_____

In diesen Antworten stimmen wir überein:
_____
_____
_____

Datum: _____   Spaßfaktor: ☆☆☆☆☆

15

Partner-Yoga

Yoga hat viele positive Effekte auf Körper und Geist: Es lockert und entspannt die Muskulatur, beugt Verspannungen und Fehlhaltungen vor, bringt den Geist zur Ruhe und hilft dabei, psychische Herausforderungen besser meistern zu können. Und wie bei den meisten Sportarten machen die Übungen zu zweit noch ein bisschen mehr Spaß als alleine. Es gibt sogar einige Haltungen, die speziell für zwei Personen gedacht sind. Sucht euch im Netz ein paar solcher Partner-Yogaübungen aus, die ihr zusammen ausprobiert. Vielleicht schafft ihr es sogar, daraus eine regelmäßige gemeinsame Yogapraxis zu entwickeln. Namasté!

Diese Übungen haben wir ausprobiert:

_____
_____
_____
_____
_____

Wir würden gerne

○ regelmäßig zusammen Yoga üben
○ beim nächsten Mal lieber etwas anderes ausprobieren

Datum: _____ Spaßfaktor: ☆☆☆☆☆

Symbole der Liebe

Jedes Paar hat seine eigene Geschichte. Auch euch verbinden mit Sicherheit gemeinsame Erfahrungen und Erinnerungen. Begebt euch (zunächst getrennt) auf Schatzsuche in eurer Wohnung oder euren Wohnungen. Wählt Gegenstände aus, mit denen ihr eure Beziehung verbindet wie beispielsweise Urlaubssouvenirs, Geschenke, die ihr einander gemacht habt, Briefe, die ihr euch geschrieben habt, oder Tickets gemeinsam besuchter Konzerte oder Kinofilme. Kommt schließlich wieder zusammen und präsentiert euch gegenseitig eure Erinnerungsschätze.

Mit diesen Gegenständen verbinden wir besonders schöne Erinnerungen:

- ♥ _____
- ♥ _____
- ♥ _____
- ♥ _____
- ♥ _____
- ♥ _____
- ♥ _____
- ♥ _____
- ♥ _____
- ♥ _____

Datum: _____   Spaßfaktor: ☆☆☆☆☆

»Wer bin ich?«

Sicherlich kennt ihr das Spiel »Wer bin ich?« von Spieleabenden in geselliger Runde. In größeren Gruppen werden dabei häufig prominente Personen oder Charaktere aus Film und Fernsehen gewählt, die erraten werden müssen. Doch bei der heutigen Runde »Wer bin ich?«, die ihr nur zu zweit spielt, wählt ihr reale Personen aus eurem gemeinsamen Umfeld aus. Schreibt jeweils einen Namen auf einen Zettel, klebt diesen eurem Gegenüber auf die Stirn oder legt den Zettel umgedreht vor ihn oder sie und stellt euch dann abwechselnd Ja/Nein-Fragen, bis ihr die Namen erraten habt.

Diese Namen mussten wir heute erraten:

_____

_____

_____

_____

Das Spiel wurde uns

○ nie langweilig

○ schnell langweilig

Datum: _____ Spaßfaktor: ☆☆☆☆☆

Kunst, die Spaß macht

Kunst zu schaffen, bedeutet nicht immer, naturgetreue Nachbildungen der Realität zu erstellen. Vor allem die Moderne Kunst umfasst Werke, die der Fantasie ihrer Schöpfer*innen entsprungen sind und sich nicht an festen Regeln orientieren. Und das könnt ihr auch! Probiert gemeinsam einige Zufallstechniken aus, zum Beispiel:

- Tusche oder verdünnte Wasserfarben in Tropfen auf ein Papier geben und mit einem Strohhalm verblasen
- Farbe mit einem Pinsel wild auf ein Papier spritzen
- Blatt Papier mit einem Schwamm befeuchten, mehrere Farben auftragen, das Papier zusammenknüllen, wieder öffnen und trocknen lassen

Diese Techniken haben wir ausprobiert:

_____

_____

Hier ist Platz für ein weiteres kleines Zufallsbild – setzt jeweils einen Stift auf gleicher Höhe rechts und links an der Linie an, schließt die Augen und zeichnet eine einfache Form ein, ohne abzusetzen:

Datum: _____ Spaßfaktor: ☆☆☆☆☆

19

Verzaubert

Für dieses kleine Abenteuer braucht es ein bisschen Vorbereitung: Ihr übt beide einen Zaubertrick ein, den ihr euch an einem verabredeten Tag gegenseitig vorführt. Zaubertricks findet ihr zum Beispiel auf YouTube – je nachdem, welchen Trick ihr euch aussucht, benötigt ihr etwas Zubehör. Dies können Spielkarten, kleine Kugeln, ein Tuch oder ähnliches sein. Plant vorab genug Zeit ein, sodass ihr die Tricks eurer Wahl gut vorbereiten könnt und gemeinsam einen rundum magischen Abend erlebt!

Wer von uns hat den verblüffendsten Trick vorgeführt?
_____

Wir fanden diese Aufgabe

○ für Zaubergenies wie uns kinderleicht

○ herausfordernd

○ viel zu schwierig

Wenn wir als Zauber-Duo auftreten, sind das unsere Künstlernamen:
_____
_____

Datum: _____ Spaßfaktor: ☆☆☆☆☆

Maskerade

20

Veranstaltet einen kleinen Maskenball bei euch zu Hause. Schneidet hierfür zwei ovale Stücke in der Größe eurer Gesichter aus einem etwas festeren Papier und bemalt diese, wie es euch gefällt. Ihr könnt sie auch mit Glitzer oder Pailletten bekleben. Schneidet zwei Löcher hinein, wo am Ende eure Augen sein werden. Jetzt müsst ihr nur noch zwei Löchlein auf jeder Seite auf gleicher Höhe stechen und dort ein Band durchziehen, das ihr hinten am Kopf zusammenknotet. Jetzt seid ihr bereit für euren ganz privaten oder auch den nächsten offiziellen Maskenball.

Das ist unser liebstes Foto von uns und unseren Masken:

Datum: _____ Spaßfaktor:

21

Buchtausch

Sicherlich habt ihr beide jeweils ein Lieblingsbuch oder zumindest ein Buch, das euch in besonderer Erinnerung geblieben ist oder das ihr sehr gerne gelesen habt. Besorgt euch diese Bücher, falls ihr sie nicht sowieso noch im Regal stehen habt, und tauscht sie. Jede*r von euch liest nun das Lieblingsbuch des oder der anderen. Seid ihr beide fertig mit der Lektüre, sprecht über eure Leseerfahrung. Welche Stellen der Bücher haben euch besonders gut gefallen? Welche Botschaften nehmt ihr aus den Büchern mit?

Welche beiden Bücher habt ihr ausgetauscht?

_____

_____

Hat euch das Buch eures Partners oder eurer Partnerin gefallen?

Name: _____ Name: _____

☐ ☐ ☐ ☐ ☐   ☐ ☐ ☐ ☐ ☐

Datum: _____ Spaßfaktor: ☆ ☆ ☆ ☆ ☆

Seite an Seite meditieren

Ähnlich wie Yogaübungen hilft Meditieren dabei, den Geist zu fokussieren und mentale Stärke zu entwickeln. Nehmt euch etwa zehn Minuten Zeit, um gemeinsam zu meditieren. Setzt oder legt euch hierzu nebeneinander auf Matten oder Decken und schließt die Augen. Ihr könnt diese Übung in völliger Stille praktizieren oder über YouTube Meditationsmusik oder Klangschalentöne abspielen – je nachdem, auf welche Weise ihr euch besser auf die Meditation einlassen könnt. Versucht, alle Anspannung loszulassen – der Boden trägt euch. Eure Gedanken dürfen wie ein Fluss kommen und gehen, ohne dass ihr sie zu lenken versucht. Wenn ihr das möchtet, dürfen sich eure Hände dabei berühren.

Wie gut konntet ihr euch fallen lassen?

gar nicht gut — 1 — 2 — 3 — 4 — 5 — 6 — 7 — 8 — 9 — 10 — sehr gut

Welche Geräusche habt ihr wahrgenommen?
_____
_____

Fühlt ihr euch jetzt entspannter?
_____
_____

Datum: _____   Spaßfaktor: ☆☆☆☆☆

23

Pizza des Hauses

Pizza bestellen oder essen gehen – das kann jede*r! Heute macht ihr eure Pizza selbst und belegt sie mit euren liebsten Zutaten. Der Teig für ein Blech ist sehr einfach herzustellen: Ihr verknetet 500 Gramm Mehl, 250 Milliliter Wasser, etwa 10 Gramm Hefe (ein halber Würfel Frischhefe), 1 Prise Salz und 3 Esslöffel Olivenöl miteinander und lasst den Teig, abgedeckt mit einem Tuch, an einem eher warmen Ort gehen. Dann rollt ihr ihn auf dem Blech aus und bestreicht ihn mit gewürzter Tomatensoße, bevor ihr die Zutaten eurer Wahl darauf verteilt. Gehen eure Geschmacksrichtungen sehr weit auseinander, könnt ihr die Pizza auch halb / halb belegen. Zum Schluss Käse darüberstreuen und ab in den Ofen!

Das waren die Zutaten unserer Wahl:

_____

_____

_____

_____

Was würden wir bei unserer nächsten Pizza anders machen?

_____

_____

_____

Datum: _____   Spaßfaktor: ☆☆☆☆☆

Wachsendes Fotoalbum

Es gibt eine einfache Möglichkeit, euch eure gemeinsamen Glücksmomente bewusster zu machen: Legt ein Fotoalbum an, in das ihr jeden Monat euer Lieblingsbild einklebt. Dies können Fotos gemeinsamer Erlebnisse, aber auch Schnappschüsse aus dem Alltag sein. Beschriftet die Fotos mit Datum und Ort. So habt ihr eine stetig wachsende Sammlung festgehaltener Erinnerungen an eure gemeinsame Zeit.

Unser gemeinsames Fotoalbum haben wir gestartet am:
_____

Zusammen sind wir schon seit

____ Jahren

____ Tagen

____ Stunden

____ Minuten

Datum: _____   Spaßfaktor: ☆☆☆☆☆

25

Einen Pakt schließen

Auch wenn man sich als Paar liebt und schätzt: Ganz ehrlich, es gibt doch immer etwas, das einen an der anderen Person nervt oder stört. Ob das Klamotten sind, die auf dem Boden liegen, anstatt im Wäschekorb zu landen, Schuhe, die ständig im Weg stehen oder Schubladen, die offen stehen gelassen werden – manche Dinge sind nicht schlimm, sorgen aber für ein ständiges »Nicht schon wieder!«. Schließt einen Pakt und haltet schriftlich jeweils eine Sache fest, die ihr aus Liebe zu eurem oder eurer Partner*in ändern wollt. Gebt auch die Hand drauf mit den feierlichen Worten: »Ich gelobe Besserung!«

Diese beiden Angewohnheiten wollen wir ändern:

_____   _____

_____   _____

_____   _____

_____   _____

Wir ziehen Bilanz nach vier Wochen: Unser Pakt wurde

überhaupt nicht   zu vollster Zufriedenheit

1   2   3   4   5   6   7   8   9   10

eingehalten.

Datum: _____   Spaßfaktor: ☆ ☆ ☆ ☆ ☆

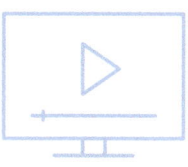

Serienmarathon

26

Manchmal braucht man sie einfach: diese Tage oder Abende, an denen man weder das Haus verlässt noch andere Menschen trifft, sondern es sich einfach nur zu zweit auf der Couch gemütlich macht und einen Serienmarathon startet. Sucht euch eure gemeinsame Lieblingsserie oder eine Serie aus, die ihr unbedingt mal sehen wolltet, kuschelt euch auf eurem Sofa ein und drückt Play. Das Gute an den heutigen Streamingdiensten: Habt ihr Redebedarf, weil dieses eine Staffelende mal wieder total doof war oder ihr nicht versteht, warum sich der Protagonist so verhalten hat, drückt Pause und fachsimpelt gemeinsam über das Gesehene.

Auf diese Serie fiel unsere Wahl:

_____

Die Serie hätte unserer Meinung nach einen Emmy verdient für:

- ○ Bester Hauptdarsteller
- ○ Bester Nebendarsteller
- ○ Bester Soundtrack
- ○ Bestes Kostümdesign
- ○ Beste Plot Twists
- ○ Beste Hauptdarstellerin
- ○ Bester Nebendarstellerin
- ○ Beste Kamera
- ○ Beste visuelle Effekte

Datum: _____   Spaßfaktor: ☆☆☆☆☆

27

Eine Rede halten

Zu besonderen Anlässen halten Menschen gerne Reden, um den jeweiligen Anlass zu ehren. Und wenn etwas eine Ehrung verdient hat, dann ja wohl eure besondere Verbindung! Bereitet jeweils eine kleine Rede vor, in der ihr eure Beziehung beschreibt, die Höhepunkte hervorhebt und einander für die bisherige gemeinsame Zeit dankt. Wie sich das gehört, dürft ihr hinterher feierlich mit einem Gläschen eures Lieblingsgetränks auf das Paar der Stunde anstoßen. Auf euch!

Das sind unsere Lieblingssätze aus unseren beiden Reden:

Datum: _____   Spaßfaktor: ☆☆☆☆☆

Den Herbst willkommen heißen

Dieses Date ist für die Zeit gedacht, in der der Herbst begonnen hat, die Natur in ihren buntesten Farben leuchtet und es an jeder Ecke Kürbisse zu kaufen gibt. Egal, ob ihr Halloween mögt oder nicht: Kürbisse zu schnitzen und sie als Dekoration vor die Tür zu stellen, macht einfach Spaß. Läutet den Herbst ein, indem ihr lustige Gesichter in Zierkürbisse schnitzt. Seid vorsichtig mit Messer & Co. und schützt am besten eure Hände mit Handschuhen. Wer von euch kreiert den lustigeren Kürbiskopf?

Hier ist ein Foto unseres Kürbis-Paars:

Datum: _____   Spaßfaktor:

29

Wir und die Welt

Reisen erweitern den Horizont und bieten spannende und unbezahlbare Erfahrungen. Welche Orte auf der Welt habt ihr bereits gemeinsam besucht? Und welche stehen noch auf eurer Reise-Bucket-List? Druckt euch eine Weltkarte aus und markiert mit kleinen Kreuzen die Orte, an denen ihr schon gewesen seid. Markiert dann mit Nadeln jene Länder, die ihr gerne noch bereisen möchtet. Hängt euch eure persönliche Weltkarte auf und ergänzt sie nach jedem Urlaub.

Welche gemeinsame Reise hat uns bisher am besten gefallen?

_____

_____

Mit diesem Verkehrsmittel reisen wir am liebsten:

Datum: _____   Spaßfaktor: ☆ ☆ ☆ ☆ ☆

Geteilter Adventskalender

30

Jede*r weiß, dass Adventskalender nicht nur Kindern Freude machen. Der Dezember eines Jahres ist doch um einiges schöner, wenn man Tag für Tag ein Türchen oder Päckchen öffnen darf, oder? Bereitet euch gegenseitig diesen weihnachtlichen Spaß, indem ihr einen Adventskalender selbst befüllt. Jede*r von euch befüllt 12 kleine Säckchen oder Schächtelchen mit netten Überraschungen, sodass ihr abwechselnd täglich ein Geschenk öffnen dürft. Wetten, dass das Zuschauen genauso viel Spaß macht wie das Auspacken?

Es fiel uns

schwer — 1 2 3 4 5 6 7 8 9 10 — leicht

kleine Geschenke zu finden.

Das waren die tollsten Überraschungen in unserem Adventskalender:

_____
_____
_____
_____

Datum: _____ Spaßfaktor: ☆☆☆☆☆

Kräuter anpflanzen

Kräuter sind aus unserem Essen kaum wegzudenken. Doch meistens nutzen wir diese in getrocknetem Zustand, wobei viele Aromen von Basilikum, Thymian, Oregano & Co. verlorengehen. Pflanzt eure Lieblingskräuter gemeinsam selbst an. Informiert euch vorab, welche Licht- und Temperaturbedingungen sie benötigen und wann ihr sie am besten sät. Die meisten Pflanzen wachsen im Frühjahr und Sommer, doch es gibt auch ein paar, die im Winter gezogen werden können, zum Beispiel Petersilie oder die für Salate und Pizza gut geeignete Rucola. Das Gefühl, Selbstangebautes zu ernten, ist unbezahlbar!

Diese Kräuter haben wir gesät:

_____

_____

_____

So schätzen wir unseren grünen Daumen ein:

👍 👍 👍 👍 👍

Datum: _____ Spaßfaktor: ☆☆☆☆☆

Kopfmassage

Den Stress des Alltags loslassen, entspannen, zur Ruhe kommen: Das gelingt besonders gut während einer wohltuenden Kopfmassage. Nehmt euch die Zeit, einander etwas Gutes zu tun und verwöhnt euch gegenseitig mit einer solchen Massageeinheit. Idealerweise legt sich eine*r von euch bequem auf den Rücken, der oder die andere setzt sich im Schneidersitz hinter den Kopf und beginnt mit sanften, streichenden Bewegungen, die nach und nach in einen etwas festeren Druck und kreisende Bewegungen übergehen dürfen. Vergesst dabei auch Nacken und Hinterkopf nicht.

An diesen Stellen fanden wir die Massage besonders angenehm:

_____

_____

_____

_____

Das hätten wir jeweils für die Massage bezahlt:

_____ €   _____ €

Datum: _____   Spaßfaktor: ☆ ☆ ☆ ☆ ☆

Unsere Geschäftsidee

Ein bisschen Rumspinnen schadet nie – und macht zu zweit einen Riesenspaß! Erstellt euren ganz persönlichen Fantasie-Businessplan, brainstormt wilde Geschäftsideen und abenteuerliche Erfindungen. Und wer weiß? Vielleicht kommt dabei ja tatsächlich eine Idee zum Vorschein, die Potenzial hat und die euch nicht mehr loslässt?

Das ist unsere beste Idee:

_____

_____

_____

So könnte unser Firmenlogo aussehen:

Datum: _____ Spaßfaktor: ☆ ☆ ☆ ☆ ☆

Die wichtigsten Werte

Es gibt einen Grund, warum ihr euch so gut versteht. Und es gibt auch einen Grund, weshalb ihr euch vielleicht nicht immer in allem einig seid. Das ist ganz normal und muss euch nicht beunruhigen. Aber ihr könnt versuchen, einander besser zu verstehen, indem ihr herausfindet, was jeweils eure wichtigsten Werte im Leben sind. Überlegt zunächst getrennt, welche fünf Werte euch am wichtigsten sind, dabei dürft ihr euch natürlich auch im Netz inspirieren lassen. Beispiele könnten sein: Freiheit, Gerechtigkeit, Liebe, Sicherheit, Wertschätzung, Vertrauen, Harmonie, Leidenschaft, Achtsamkeit. Stellt euch im Anschluss eure Ergebnisse vor.

Das sind unsere Top-5-Werte:

_____   _____

_____   _____

_____   _____

_____   _____

_____   _____

Datum: _____   Spaßfaktor: ☆☆☆☆☆

35

Gourmet-Date

Kochen und Essen ist zwar Teil eures Alltags, doch viel Zeit für Neues ist dabei wahrscheinlich nicht. Sucht euch ein neues Rezept aus, das ihr noch nie gekocht habt und das euch an einem normalen Arbeitstag zu aufwändig ist. Nehmt euch an einem Wochenende mal so richtig Zeit, um gemeinsam den Kochlöffel zu schwingen und das Rezept in die Tat umzusetzen. Bon appétit!

Dieses Rezept haben wir ausprobiert:

_____

_____

_____

So lange haben wir dafür gebraucht:

_____

Unsere Küche sah danach so aus:

wie ein Saustall   picobello

1   2   3   4   5   6   7   8   9   10

Datum: _____   Spaßfaktor: ☆ ☆ ☆ ☆ ☆

Vision Board

Ein Vision Board ist eine anschauliche und kreative Möglichkeit, sich klarzumachen, was man in der Zukunft erreichen und erleben möchte. Dazu werden Fotos, Bilder, Ausschnitte aus Zeitschriften und Stichwörter auf ein Plakat geschrieben und geklebt. Natürlich darf auch gemalt und gekritzelt werden. Erstellt ein Vision Board über eure gemeinsame Zukunft. Was wünscht ihr euch? Was möchtet ihr gerne zusammen erleben? Wollt ihr etwas in eurem Leben verändern? Hängt das Plakat an eine Stelle, an der ihr es immer wieder gut sehen könnt.

Wir waren uns beim Erstellen des Vision Boards

○ immer
○ meistens
○ selten
○ nie

einig.

Das ist unser größter Wunsch / unser höchstes Ziel für unsere Zukunft:

_____

_____

_____

Datum: _____   Spaßfaktor: ☆ ☆ ☆ ☆ ☆

Plätzchen backen

Die Adventszeit steht vor der Tür, die Weihnachtsmärkte öffnen nach und nach ihre Tore und überall erklingt »Jingle Bells«? Höchste Zeit, auch in eure vier Wände ein bisschen Weihnachtsstimmung zu bringen! Erstellt eine Liste eurer liebsten Plätzchensorten, kauft die benötigten Zutaten ein und hüllt eure Küche in den herrlichen Duft frisch gebackener Weihnachtskekse.

Für diese Plätzchensorten haben wir uns entschieden:

_____

_____

_____

_____

In unserer Weihnachtsbäckerei wurden ungefähr _____ Plätzchen hergestellt.

Spätestens am _____ werden wir das süße Gebäck nicht mehr sehen können.

Datum: _____ Spaßfaktor: ☆☆☆☆☆

Spieleabend

38

Auch wenn ihr ansonsten Hand in Hand durchs Leben geht und als Team alle Herausforderungen des Alltags meistert: Ab und zu braucht es auch mal einen kleinen Wettkampf. Heute tretet ihr gegeneinander an und spielt bei einem Spieleabend zu zweit um den Gesamtsieg des Abends. Legt eure Lieblingsspiele bereit, versorgt euch mit Snacks und Drinks und lasst die Würfel rollen!

In diesen Spielen sind wir gegeneinander angetreten:

_____

_____

_____

Der oder die Gesamtsieger*in des Abends ist:

Datum: _____   Spaßfaktor: ☆☆☆☆☆

Stärken und Schwächen

Es kann in vielen Lebenslagen hilfreich sein, die eigenen Stärken und Schwächen gut zu kennen. Umso besser wir uns selbst einschätzen können, desto sicherer bewegen wir uns durch unser Arbeitsleben, in unseren Beziehungen und während vieler anderer Herausforderungen. Unsere Stärken und Schwächen zu bestimmen, fällt leichter, wenn uns eine Person dabei hilft, die uns sehr gut kennt. Und wer wäre da besser geeignet als der Partner oder die Partnerin? Schreibt gemeinsam jeweils fünf eurer Stärken und drei eurer Schwächen auf und redet darüber. Bleibt in dieser Übung liebevoll und wertschätzend.

Das sind unsere Stärken:

_____   _____
_____   _____
_____   _____
_____   _____
_____   _____

Unsere Schwächen festzustellen, fiel uns

sehr schwer   sehr leicht
1   2   3   4   5   6   7   8   9   10

Datum: _____   Spaßfaktor: ☆☆☆☆☆

Überraschungs-Muffins

Zusammen zu backen oder kochen ist für euch vielleicht gar nichts Neues. Doch bei diesem kleinen Date backt ihr nicht nur, sondern gestaltet dabei füreinander eine besondere Überraschung. Ihr rührt gemeinsam einen Teig für eure Muffins oder Cupcakes an und lasst diese aufbacken. Fürs Dekorieren, Glasieren oder Frosting aufbringen begebt ihr euch aber in getrennte Zimmer. Ihr dürft eurer Kreativität freien Lauf lassen: Ob Schriftzüge aus Lebensmittelfarben, Dekoherzen, Goldstaub oder regenbogenfarbenes Frosting – bei euren Überraschungs-Muffins ist alles erlaubt!

So sah der schönste oder auffälligste Muffin des Tages aus:

Verziert hat ihn: _____

Geschmeckt haben unsere Kunstwerke

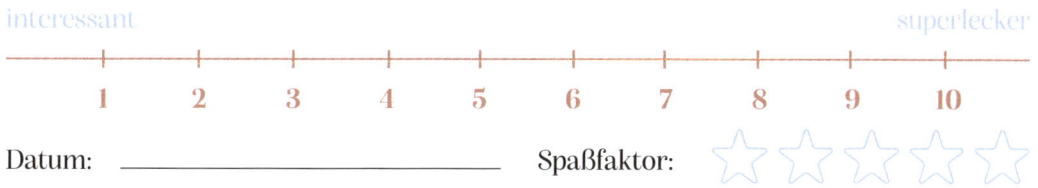

Datum: _____ Spaßfaktor: ☆☆☆☆☆

Die Morgenstunde nutzen

Lasst ihr euch morgens beim Aufstehen Zeit oder springt ihr beim ersten Weckerklingeln aus dem Bett? Nutzt eine Woche lang den Moment nach dem Aufwachen dazu, euch gegenseitig Aufmerksamkeit zu schenken. Bleibt noch ein bisschen nebeneinander liegen, sprecht darüber, was euch am jeweiligen Tag erwartet, welche Aufgaben ihr habt oder was ihr tun möchtet. Vielleicht beschäftigt euch auch etwas Bestimmtes oder ihr braucht einen Rat. Es ist auch völlig in Ordnung, wenn ihr mal nicht reden, sondern einfach nur kuscheln möchtet.

Wie hat sich die Woche für uns angefühlt?

_____
_____
_____
_____

Wollen wir daraus ein Ritual für die Zukunft machen?

_____
_____

Datum: _____   Spaßfaktor: ☆☆☆☆☆

Exotischer Abend

Enchiladas, Ramen, Sambosa oder Börek – die Speisen welcher Kultur mögt ihr am liebsten? Im kulinarischen Bereich immer mal wieder etwas Neues zu testen, erweitert den Horizont und ermöglicht spannende Erfahrungen. Sucht euch ein Rezept für ein Gericht einer anderen Kultur, das ihr schon mal im Restaurant gegessen habt oder das euch interessiert, und versucht es selbst zuzubereiten. Vielleicht entdeckt ihr dabei sogar euer neues Lieblingsgericht.

Dieses Rezept haben wir ausprobiert:

_____

_____

Das würden wir beim nächsten Mal anders machen::

_____

_____

_____

Geschmeckt hat es uns

eher weniger   ausgezeichnet

1   2   3   4   5   6   7   8   9   10

Datum: _____ Spaßfaktor: ☆ ☆ ☆ ☆ ☆

Abenteuer an der frischen Luft

Sonnenaufgang

Auch wenn ihr keine Morgenmenschen sein solltet: Lasst euch die Erfahrung, einmal den Sonnenaufgang zu erleben, nicht entgehen! Keine andere Tageszeit hat eine solche magische Kraft inne wie die ersten Sonnenstrahlen am Morgen. Diesen Moment gemeinsam zu erleben, werdet ihr niemals wieder vergessen. Sucht euch dazu am besten einen Hügel oder eine Anhöhe, auf dem oder der ihr gemütlich sitzen könnt, und richtet euren Blick nach Osten aus.

An diesem Ort haben wir den Sonnenaufgang beobachtet:

_____

_____

Um _____ Uhr ist die Sonne aufgegangen.

Das haben wir an diesem Tag noch unternommen:

_____

_____

_____

_____

Datum: _____   Spaßfaktor: ☆☆☆☆☆

Sonnenuntergang

Neben dem Sonnenaufgang darf auch der Sonnenuntergang nicht auf der Liste eurer erlebten Momente fehlen. Dieses Date ist etwas leichter umzusetzen, da ihr zum Sonnenuntergang nicht meistens im Bett liegt und es euren Rhythmus nicht unbedingt durcheinanderbringt. Auch hierfür bietet sich ein etwas höher gelegener Ort, ein großer See oder sogar das Meer an. Und am meisten Spaß macht ein Sonnenuntergang, wenn ihr dabei mit einem Gläschen eures Lieblingsgetränks anstoßt.

An diesem Ort haben wir den Sonnenuntergang beobachtet:

_____

_____

Um _____ Uhr ist die Sonne untergegangen.

Unser Favorit der beiden Erlebnisse ist der

○ Sonnenaufgang

○ Sonnenuntergang

Datum: _____   Spaßfaktor: ☆ ☆ ☆ ☆ ☆

45

Date mit Nervenkitzel

Wie steht ihr zu adrenalinreichen Aktivitäten? Seid ihr eher draufgängerisch unterwegs oder geht ihr lieber auf Nummer sicher? Sucht euch je nach Mut-Level ein Abenteuer aus, das eure Nerven mindestens ein kleines bisschen herausfordert. Dies kann ein Fallschirmsprung, Gleitschirmfliegen oder die wildeste Achterbahn in einem Freizeitpark oder aber eine Riesenrutsche, Sommerrodelbahn oder Kajakfahrt sein. Hinterher werdet ihr unglaublich stolz sein, dass ihr das zusammen gemeistert habt!

Das war unser Adrenalinkick:

_____

_____

So aufgeregt waren wir davor:

null   Puls von 200

1   2   3   4   5   6   7   8   9   10

Das wollen wir

◯ unbedingt noch mal

◯ niemals wieder

machen!

Datum: _____   Spaßfaktor: ☆☆☆☆☆

Die Natur und wir

Bei diesem kleinen Abenteuer geht es darum, euch in Einklang mit der Natur zu bringen. Nichts gibt uns Menschen so viel Kraft, Entspannung und Gelassenheit wie das Verweilen in der Natur. Ob ihr eine richtige Wanderung macht oder euch nur zu einem Spaziergang nach draußen begebt, ist euch überlassen. Doch sucht euch einen Ort, an dem weit und breit nichts zu sehen ist als Wald, Felder und Wiesen. Atmet den Duft der Pflanzen ein, freut euch über jedes Tier, das ihr zu sehen bekommt und genießt euren Moment der Freiheit in Zweisamkeit.

Hier waren wir unterwegs:

_____

_____

Diese Pflanzen und Tiere haben wir entdeckt:

Datum: _____   Spaßfaktor: ☆ ☆ ☆ ☆ ☆

Die Magie der Sterne

Habt ihr euch schon mal in der Dunkelheit unter freien Himmel gesetzt und die Sterne beobachtet? Falls nicht, solltet ihr das unbedingt einmal machen! Vielleicht steht bald sogar eine Sternschnuppennacht an – herausfinden könnt ihr das im Netz. Der Blick ins Universum mit all seiner Planeten- und Sternenpracht lässt all eure Sorgen und Alltagsprobleme in den Hintergrund treten und löst ein Gefühl der Dankbarkeit und der Verbundenheit aus. Und wenn ihr eine Sternschnuppe entdeckt, vergesst nicht, euch gemeinsam etwas zu wünschen!

Das ist ein Sternbild, das wir entdecken konnten:

Diesen Planeten würden wir gerne mal besuchen:
_____

Datum: _____   Spaßfaktor: ☆☆☆☆☆

Den Ausblick genießen

Ob Kirchturm, Baumwipfelpfad oder Aussichtsplattform – der Blick über eine Großstadt oder eine Landschaft ist fast immer den Aufstieg auf den jeweiligen Höhepunkt wert. Wählt einen Aussichtsturm oder hoch gelegenen Punkt aus, den ihr erklimmen möchtet. Kostet den Moment aus, hoch oben zu stehen und den Blick in die Weite schweifen zu lassen. Genauso vielseitig und wunderschön wie das, was vor euch liegt, ist eure gemeinsame Zukunft.

Diesen Aussichtspunkt haben wir uns ausgesucht:

_____

_____

Er war _____ Meter hoch.

Das haben wir da oben empfunden:

○ Freiheit   ○ Dankbarkeit   ○ Liebe   ○ Unsicherheit

○ Erschöpfung   ○ Stolz   ○ Faszination   ○ Angst

○ Sicherheit   ○ Respekt   ○ inneren Frieden

Datum: _____   Spaßfaktor: ☆☆☆☆☆

Bootsfahrt

Boote und Schiffe gibt es viele: Katamaran, Fähre, Tretboot, Segelboot, Motorboot, Ruderboot ... Welches davon gefällt euch am besten? Wenn ihr das nächste Mal in der Nähe eines Sees oder Flusses seid, bucht eine Fahrt oder leiht euch ein Boot und macht eine kleine Tour auf dem Wasser. Beim Tretbootfahren könnt ihr euer Teamwork unter Beweis stellen, im Katamaran genießt ihr eher den Wind, der euch um die Nase weht. Egal, ob mit Muskelkraft oder eher gemütlich: Seite an Seite macht eine solche Fahrt besonders viel Spaß!

Für diese Art Boot haben wir uns entschieden:
_____

Wir waren auf diesem See oder Fluss unterwegs:
_____

Fühlen wir uns wohl auf dem Wasser oder haben wir lieber festen Boden unter den Füßen?

_____

_____

_____

Datum: _____ Spaßfaktor: ☆☆☆☆☆

Lost Place

Wart ihr schon mal in einem Lost Place – einem alten Gebäude oder Bauwerk, das seit langer Zeit nicht mehr genutzt wird und deshalb verfallen ist? Orte wie diese haben einen besonderen Charme und man kann dort tolle Fotos schießen. Wo solche Bauwerke zu finden sind, erfahrt ihr schnell und einfach im Netz. Achtet aber darauf, dass es sicher ist, den Ort eurer Wahl zu begehen und begebt euch auf keinen Fall in Gefahr. Erkundet gemeinsam die Magie des Lost Place und schafft so eine unvergessliche Erinnerung.

Welchen Lost Place habt ihr erkundet?
_____
_____

Euer Lieblingsfoto des Ortes:

Datum: _____ Spaßfaktor: ☆☆☆☆☆

51

Ein Herz für Tierheimhunde

Zeit mit Tieren zu verbringen, macht nachweislich glücklich. Zeit mit dem Lieblingsmenschen und einem Tier zu verbringen, macht doppelt glücklich! Die meisten Tierheime freuen sich immer über Besuchende, die einen Hund ausführen möchten. Meldet euch dazu bei einer Einrichtung in eurer Nähe und gebt an, ob ihr schon Erfahrung mit Hunden habt oder nicht, dann bekommt ihr ein Tier, das gut zu euch passt.

Das ist ein Foto von uns und unserem vierbeinigen Freund:

Sein Name: _____

Datum: _____ Spaßfaktor: ☆☆☆☆☆

Städtetrip

52

Welche Stadt würdet ihr euch gerne einmal ansehen? Plant einen Tagestrip oder – je nach Entfernung – einen Zweitagestrip in eine Stadt eurer Wahl. Besichtigt die Sehenswürdigkeiten, die euch interessieren, aber nehmt euch auch genug Zeit, um Hand in Hand durch die Straßen zu flanieren und einfach die Atmosphäre der Umgebung zu erleben.

Hier waren wir: _____

So würden wir eine Postkarte von dort beschriften:

Datum: _____   Spaßfaktor: ☆☆☆☆☆

Besuch im botanischen Garten

Eine besondere Naturerfahrung ist der Besuch eines botanischen Gartens. Dort findet ihr viele Pflanzenarten aus verschiedenen Regionen der Erde, beschriftet mit den lateinischen Pflanzennamen, dem geografischen Vorkommen und je nach Anlage weiteren interessanten Informationen. Wandelt nach Herzenslust durch die Kräuter- und Blumenbeete, staunt über die bunte Pracht, die die Natur hervorbringen kann und vielleicht entdeckt ihr eine Pflanze, die ihr gerne auch bei euch zu Hause haben möchtet.

Besucht haben wir den botanischen Garten in:

_____

_____

Diese Pflanzen sind uns besonders aufgefallen:

_____

_____

_____

_____

Datum: _____   Spaßfaktor: ☆☆☆☆☆

Gemeinsam auf dem Eis

Im Winter gibt es viele Aktivitäten, die so richtig Spaß machen. Eine davon ist das Schlittschuhlaufen auf einem dafür ausgewiesenen See oder in einer Outdoor- oder Indoor-Eishalle. Dort könnt ihr die Schlittschuhe auch ausleihen, falls ihr keine eigenen habt. Packt euch warm ein und ab geht's aufs Eis! Aneinander festhalten ist ausdrücklich erlaubt.

Auf dem Eis sind wir

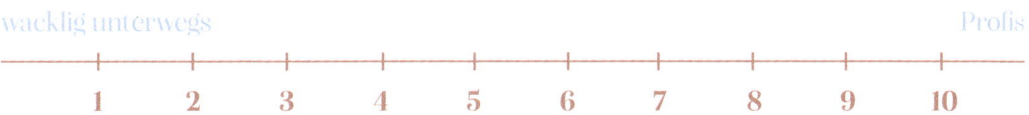

So stark ist unser Muskelkater:

Dieses Date wiederholen wir

○ auf jeden Fall!
○ auf gar keinen Fall!

Datum: _____   Spaßfaktor:

Schlittenfahrt

Neben dem Schlittschuhlaufen darf eine Fahrt mit dem Schlitten im Winter auf keinen Fall fehlen. Sobald genug Schnee liegt, packt euch warm ein und bereitet euch eine Thermoskanne mit heißem Tee oder Kakao vor. Macht euch dann auf den Weg zu einem Hügel in der Nähe, auf dem es sich wunderbar den Berg hinuntersausen lässt. Natürlich teilt ihr euch gemeinsam einen Schlitten, denn erstens ist es so schön kuschelig und zweitens nimmt der Schlitten dann richtig Fahrt auf.

Unser Ausflug mit dem Schlitten war

- ◯ kalt
- ◯ sportlich
- ◯ rasant
- ◯ aufregend
- ◯ spaßig
- ◯ romantisch
- ◯ legendär
- ◯ gefährlich
- ◯ gemütlich
- ◯ außergewöhnlich

Wir hatten mindestens eine Geschwindigkeit von _____ km/h drauf.

Datum: _____ Spaßfaktor: ☆☆☆☆☆

Marktbesuch

Obst und Gemüse schmeckt am besten, wenn ihr es frisch und regional auf dem Markt einkauft. Welche Wochenmärkte gibt es in eurer Gegend? Wählt einen, den ihr entspannt besuchen könnt, um für die nächsten Tage einzukaufen. Auf vielen Märkten gibt es auch eine schöne Auswahl an Käse, Backwaren und Blumen. Mit den frischen Lebensmitteln machen das Kochen und Genießen gleich viel mehr Spaß!

Das haben wir auf dem Markt erstanden:

_____

_____

_____

_____

_____

Hat uns dort etwas gefehlt? Würden wir uns noch andere Produkte wünschen?

_____

_____

_____

Datum: _____   Spaßfaktor: ☆☆☆☆☆

57

Einen Drachen steigen lassen

Dieses Abenteuer ist nicht nur für Kinder etwas Besonderes, sondern auch für Erwachsene. Wann habt ihr zuletzt einen Drachen steigen lassen? Vermutlich ist das schon eine ganze Weile her. Kramt in euren Elternhäusern nach alten Drachen aus Kindertagen oder besorgt euch ein neues Exemplar und nutzt den nächsten windumtosten Tag für einen kleinen Ausflug auf einen geeigneten Hügel. Welch eine Freude, wenn ihr es geschafft habt, den Drachen hoch im Wind flattern zu lassen!

An diesem Ort haben wir unseren Drachen ausprobiert:

_____

_____

So sieht unser Drachen aus:

Datum: _____ Spaßfaktor: ☆ ☆ ☆ ☆ ☆

Ahorn, Eiche oder Buche?

Könnt ihr euch aus Schulzeiten noch daran erinnern, wie die bei uns vorkommenden Baumarten heißen und wie ihre Blätter und Früchte aussehen? Frischt euer Wissen auf, indem ihr einen kleinen Spaziergang macht und in Park oder Wald nach verschiedenen Bäumen Ausschau haltet. Fotografiert die Blätter und Früchte und recherchiert hinterher, welche Baumarten ihr gefunden habt. Versucht sie vorher einzuordnen und findet heraus, wie es um euer Baum-Wissen steht.

Diese Bäume haben wir richtig erkannt:

_____

_____

_____

Das sind unsere Lieblingsbaumarten:

_____ _____

_____ _____

_____ _____

_____ _____

_____ _____

Datum: _____   Spaßfaktor: ☆ ☆ ☆ ☆ ☆

Wildtiere füttern

Viele wilde Tiere sind bei uns oft nur durch Glück und zur richtigen Tages- oder Nachtzeit zu entdecken. Wie schön, dass es Wildparks gibt, die Tieren einen geschützten Lebensraum bieten und es uns Menschen gleichzeitig ermöglichen, ihnen etwas näherzukommen. In den meisten Parks könnt ihr sogar etwas Futter kaufen, das ihr den Rehen, Hirschen und anderen dort lebenden Tieren anbieten dürft.

Diesen Park haben wir besucht:

_____

_____

Diese Tiere haben wir gesehen:

- ◯ Hirsch
- ◯ Wildschwein
- ◯ Mufflon
- ◯ Wolf
- ◯ Fuchs
- ◯ Nutria
- ◯ Reh
- ◯ Bär
- ◯ Ziege
- ◯ Uhu
- ◯ Wisent
- ◯ Luchs

Datum: _____   Spaßfaktor: ☆ ☆ ☆ ☆ ☆

Nachtwanderung

Wenn draußen alles dunkel ist und die Nachbarn sich schon hinter ihren Rollläden verschanzt haben, sitzt auch ihr vermutlich meist gemütlich auf dem Sofa oder liegt schon träumend im Bett. Schnappt euch zur Abwechslung stattdessen warme Jacken und eine Taschenlampe und begebt euch nach draußen. Bei einer kleinen Nachtwanderung durch die Natur oder durch ein Stadtviertel erlebt ihr die magische Stimmung in der Dunkelheit und die besondere Ruhe, die so nur nachts entstehen kann.

Wie hat sich euer nächtlicher Ausflug angefühlt?

_____
_____
_____

Was konntet ihr sehen, hören und riechen?

_____
_____
_____
_____

Datum: _____ Spaßfaktor: ☆☆☆☆☆

61

Lagerfeuerromantik

Am Lagerfeuer zu sitzen, ist romantisch, irgendwie magisch und sorgt für ein starkes Gefühl der Verbundenheit zwischen den Menschen, die gemeinsam ins Feuer blicken. Erlebt die besondere Stimmung eines flackernden und knisternden Lagerfeuers einmal nur zu zweit. Plätze dafür gibt es an vielen Seen oder auf Waldlichtungen. Recherchiert in jedem Fall vorher, ob es an dem Ort eurer Wahl erlaubt ist, ein Feuer zu machen!

Wer von uns hat das Feuer zum Brennen gebracht?
_____

Waren wir eher still und andächtig oder haben wir uns unterhalten?
_____
_____

Würden wir dieses Date gerne wiederholen?

○ Unbedingt!
○ Muss nicht sein.

Datum: _____ Spaßfaktor: ☆☆☆☆☆

Glühwein und Jingle Bells

Eines der schönsten Dinge in der Adventszeit sind die vielen Weihnachtsmärkte mit ihren Glühweinständen und der besinnlichen Weihnachtsmusik. Stimmt euch gemeinsam auf Weihnachten ein, indem ihr nach Herzenslust über einen Christkindlmarkt eurer Wahl schlendert und euch die ein oder andere Leckerei gönnt.

Auf diesem Weihnachtsmarkt haben wir es uns gutgehen lassen:
_____

Das haben wir gegessen und getrunken:
_____
_____

So groß ist unsere Vorfreude auf Weihnachten:

Datum: _____   Spaßfaktor: ☆ ☆ ☆ ☆ ☆

Romantisches Picknick

Im Frühling oder Sommer, wenn die Wiesen grün sind und die Blumen in aller Pracht blühen, ist die perfekte Zeit für ein Picknick im Freien gekommen. Packt einen Korb mit allem, was sich gut transportieren lässt und worauf ihr Lust habt, und setzt euch auf eine idyllische Wiese außerhalb der Stadt oder in einem Park. Genießt die Wärme der Sonne und vor allem eure Zeit zu zweit.

Diese Leckereien hatten wir dabei:

_____

_____

_____

Während unseres Picknicks

○ konnten wir wunderbar entspannen
○ haben wir Kraft getankt
○ haben uns die Insekten gestört
○ konnten wir uns gut unterhalten

Datum: _____ Spaßfaktor: ☆☆☆☆☆

Auf zwei Rädern

Wenn ihr Lust auf ein kleines Abenteuer sowie einen Ausflug in die Natur habt, dann ist eine Radtour genau das Richtige für euch. Spürt den Wind auf der Haut, genießt den Rausch der Geschwindigkeit und bewundert die Landschaft, die an euch vorbeizieht. Wenn ihr besonders wagemutig seid, dann probiert mal eine andere Art des Radfahrens aus und leiht euch ein Tandem, auf dem ihr euch zu zweit und im Einklang fortbewegt.

Das war unsere Route:

_____

_____

_____

Was gefällt uns besser: Radfahren oder Wandern?

_____

Das Ziel unserer nächsten Radtour könnte sein:

_____

_____

_____

Datum: _____   Spaßfaktor: ☆ ☆ ☆ ☆ ☆

65

Bekanntes neu entdecken

Wie gut kennt ihr euch in der Stadt aus, in der ihr wohnt oder die eurem Wohnort am nächsten liegt? Versetzt euch in die Lage von Touristen oder Touristinnen, die zum ersten Mal in eure Gegend kommen, und bucht eine Stadtführung. Ihr könnt euch sicher sein, dass ihr das ein oder andere erfahren werdet, was ihr noch nicht wusstet, und vielleicht entdeckt ihr auch Orte, die euch bislang nicht bekannt waren.

Das haben wir Neues über unsere Gegend erfahren:

_____

_____

_____

_____

Die Stadtführung hat sich

nicht so wirklich   absolut

1   2   3   4   5   6   7   8   9   10

gelohnt.

Datum: _____   Spaßfaktor: ☆ ☆ ☆ ☆ ☆

Eine Nacht im Zelt

Vielleicht ist Zelten nicht eure Lieblings-Übernachtungsmöglichkeit. Vielleicht habt ihr es auch zuletzt als Kinder ausprobiert. Oder aber ihr habt euch bisher nicht getraut, im Freien, ohne feste Wände um euch herum, zu übernachten. Lasst euch die Erfahrung, einmal im Zelt zu schlafen, nicht entgehen. Die Geräusche, die durch die Zeltwände zu euch durchdringen, können eine beruhigende Wirkung haben und euch sanft in den Schlaf begleiten. Und falls euch kalt wird: Kuscheln hilft!

Unsere Nacht im Zelt hat sich so angefühlt:

_____

_____

_____

Wir konnten

○ sehr gut

○ so lala

○ gar nicht gut

schlafen.

Datum: _____ Spaßfaktor: ☆☆☆☆☆

67

Outdoor-Spiel

Zuhause sitzen und Brettspiele spielen ist schon super, aber sich bei schönem Wetter im Park auf einer Wiese zu batteln, macht fast noch ein bisschen mehr Spaß. Entweder ihr besitzt ein Outdoor-Spiel wie Boule, Mölkky, Wikingerschach oder auch schlicht und einfach ein Frisbee oder ihr könnt euch ein solches Spiel bei jemandem ausleihen. Macht euch einen schönen Tag im Freien, packt ein wenig Verpflegung ein und vor allem: Habt Spaß bei eurem Paar-Turnier!

Diese(s) Spiel(e) haben wir ausprobiert:

_____

_____

Den Tagessieg errungen hat:

Datum: _____   Spaßfaktor: ☆☆☆☆☆

Seifenblasen

Zu den Aktivitäten, die nicht nur Kindern Spaß machen, gehört auch das Herstellen von Seifenblasen. Verbringt einen zauberhaften Nachmittag damit, eure Umgebung mit schillernden Seifenblasen zu verschönern. Besorgt euch dazu eine fertige Flasche Seifenblasenlösung oder stellt eure eigene her, indem ihr Wasser, Spülmittel und etwas Zucker vermischt. Seifenblasenstäbe könnt ihr basteln, indem ihr aus Draht kleine Ringe biegt. Bei diesem Date verbringt ihr nicht nur eine schöne Zeit zusammen, sondern weckt bestimmt auch schöne Kindheitserinnerungen!

An diesen Orten haben wir unsere Seifenblasen in die Luft gepustet:

_____

_____

_____

Wer von uns hatte die größte Seifenblase?

_____

Datum: _____   Spaßfaktor: ☆☆☆☆☆

Pilze sammeln

Vor allem im September und Oktober sprießen in vielen Wäldern die Pilze in Massen aus dem Boden. Informiert euch in einem Pilzführer oder im Netz darüber, welche Pilze essbar sind, und stattet euch mit einem Korb und zwei scharfen Messern aus. Macht euch auf in einen nahegelegenen Wald und haltet Ausschau nach schönen Exemplaren der Pilzarten, die ihr als genießbar identifiziert habt. Es gibt nichts Schöneres, als gemeinsam eroberte Zutaten aus der Natur zu einem köstlichen Gericht zu verarbeiten!

Diese Pilzarten haben wir gesammelt:

_____

_____

So sieht einer der Pilze aus, den wir gefunden haben:

Datum: _____   Spaßfaktor: ☆ ☆ ☆ ☆ ☆

Eine Tour mit dem E-Scooter

Habt ihr Lust auf eine ganz besondere Tour durch eure Umgebung? Anstatt per Auto, Fahrrad oder zu Fuß bewegt ihr euch heute mal auf E-Scootern durch die Straßen. Leiht euch zwei der Gefährte, die inzwischen in jeder Stadt zu finden sind, und probiert zunächst vorsichtig aus, wie es sich anfühlt, damit zu fahren, falls ihr das noch nie gemacht habt. Nutzt die Geschwindigkeit, um Gegenden zu erkunden, die ihr noch nicht kennt, und macht immer wieder Pausen, um eure Eindrücke miteinander zu teilen.

Das haben wir auf unserer Tour entdeckt:

_____

_____

_____

Wir sind

○ immer noch am liebsten zu Fuß

○ gerne mit dem Auto

○ in Zukunft bestimmt auch öfter mit dem E-Scooter

unterwegs.

Datum: _____   Spaßfaktor: ☆☆☆☆☆

71

Vertraust du mir?

Eine schöne Methode, um eure Beziehung zu stärken und noch mehr gegenseitiges Vertrauen aufzubauen, ist eine einfache Vertrauensübung. Geht hierfür nach draußen, idealerweise auf einen Spielplatz. Schließt dann abwechselnd die Augen und lasst euch von eurem oder eurer Partner*in an den Händen führen. Versucht, die Verantwortung ganz abzugeben, und vertraut darauf, dass ihr gut und sicher um die Spielgeräte herumgeführt werdet.

Wie hat sich das »Geführtwerden« angefühlt?

_____

_____

_____

_____

_____

Wie würdet ihr eure Vertrauensbasis einschätzen?

ausbaufähig   sehr stark

1   2   3   4   5   6   7   8   9   10

Datum: _____   Spaßfaktor: ☆☆☆☆☆

Gipfelstürmer*innen

Kennt ihr das Gefühl, auf dem Gipfel eines Berges zu stehen, den Wind im Gesicht zu spüren und die überragende Aussicht zu genießen? Gönnt euch dieses Erlebnis unbedingt einmal. Erlaubt sind alle Wege, den Gipfel zu erklimmen. Seid ihr leidenschaftliche Wanderer, dann sucht euch eine schöne Route hinauf. Ist euch das zu viel, dürft ihr gerne auch eine Bergbahn benutzen. Seid ihr oben angekommen, haltet euch fest im Arm und verankert das atemberaubende Gefühl tief in euren Herzen.

Dies ist unser Lieblingsfoto von uns beiden auf dem Gipfel:

Datum: _____ Spaßfaktor: ☆☆☆☆☆

Geocaching

Bei diesem Date erlebt ihr zu zweit ein spannendes Abenteuer – alles, was ihr dafür braucht, sind ein paar Stunden Zeit und euer Smartphone oder ein GPS-Gerät. Sucht euch im Netz eine Geocaching-Tour in eurer Gegend aus. Diese sind heutzutage oft für wenig Geld und sehr spontan buchbar. Gemeinsam werdet ihr Rätsel lösen, Hinweise entschlüsseln und Schätze aufstöbern. Für ein eingespieltes Team wie euch ist das ein Kinderspiel, oder?

So hieß unser Geocaching-Abenteuer:

_____

_____

Das waren unsere Start- und Zielpunkte:

Datum: _____   Spaßfaktor: ☆☆☆☆☆

Ein Strauß Blumen

74

Verschönert euer Zuhause mit einem bunten Strauß Blumen, den ihr gemeinsam selbst pflückt. Bestimmt gibt es auch in eurer Nähe ein Feld mit Blumen, auf dem man gegen einen kleinen Obolus Blumen schneiden darf. Streift durch die bunte Pracht, wählt gemeinsam die Blumen aus, die euch am besten gefallen, und atmet den herrlichen Duft der Pflanzen ein. Stellt die Blumen in eine schöne Vase und erfreut euch die nächsten Tage an eurer ganz persönlichen Blumenkreation.

Wir haben das Blumenfeld in _____ besucht.

Diese Blumen finden sich in unserem Strauß:

_____

_____

_____

_____

_____

Datum: _____   Spaßfaktor: ☆ ☆ ☆ ☆ ☆

Abenteuer an verschiedenen Orten

75

Einen Jahrmarkt besuchen

Fahrgeschäfte, Zuckerwatte, Schokoladenfrüchte, Losbuden – auf einem Jahrmarkt ist für jede*n etwas dabei. Und als Paar lässt es sich wunderbar durch einen solchen Rummel schlendern, um gemeinsamen Vergnügungen nachzugehen. Ganz egal, ob ihr am liebsten die angebotenen Speisen ausprobiert, eine Runde in der Achterbahn dreht oder euer Lieblingsstand die Schießbude ist – verbringt einen unbeschwerten Tag voller Spaß und Zweisamkeit!

Das machen wir am liebsten auf einem Jahrmarkt:

_____

_____

_____

_____

Das sind wir schon mal zusammen gefahren:

◯ Achterbahn   ◯ Schiffschaukel
◯ Breakdance   ◯ Kettenkarusell
◯ Riesenrad   ◯ Geisterbahn
◯ Freifallturm   ◯ Musikexpress

Datum: _____   Spaßfaktor: ☆ ☆ ☆ ☆ ☆

Vertauschte Rollen im Restaurant

Normalerweise liest man sich im Restaurant in Ruhe das Menü durch, bis man sich für das Gericht entschieden hat, auf das die Lust gerade am größten ist. So kennt ihr das auch, richtig? Bei diesem Date macht ihr das aber mal ganz anders: Ihr bestellt jeweils das Essen für eure*n Partner*in und seid selbst gespannt darauf, was euch schließlich serviert wird. Zeigt der Bedienung eure Bestellung in jedem Fall heimlich mit dem Finger auf der Karte, damit eure Wahl nicht vorzeitig enthüllt wird.

Diese Gerichte haben wir bestellt:

_____

_____

_____

So zufrieden waren wir mit der Bestellung:

Datum: _____   Spaßfaktor:

Ausflug ins Planetarium

Wart ihr schon mal in einem Planetarium? Dort könnt ihr das Universum in seinen unglaublichen Weiten erleben, indem mit einem Projektor Sterne, Planeten und vieles mehr in eine Kuppel geworfen wird. Ihr sitzt währenddessen in gemütlichen Stühlen, schaut nach oben und lasst das Schauspiel einfach auf euch wirken. Die meisten Planetarien bieten auch Veranstaltungen zu speziellen Themen an. Schaut einfach mal, was euch interessiert, und genießt zusammen eine außergewöhnliche Vorstellung.

Was hat euch bei eurem Besuch im Planetarium am meisten beeindruckt?

_____

_____

_____

_____

Würdet ihr gerne mal ins Universum fliegen? Warum?

_____

_____

_____

Datum: _____ Spaßfaktor: ☆ ☆ ☆ ☆ ☆

Schlossbesichtigung

Schlüpft bei diesem Date in die Rollen von Fürsten, Dienstmägden oder Stallburschen und besucht eine Burg oder ein Schloss. Wie haben diese Menschen früher gelebt? Was gibt es dort alles zu entdecken? Lasst euch ganz auf eine faszinierende Zeitreise ein und bewundert sowohl das prachtvolle Bauwerk (oder was davon übriggeblieben ist) als auch die Aussicht von ganz oben – auf den meisten Burgen habt ihr einen fantastischen Blick ins Tal.

Dieses Schloss / Diese Burg haben wir besucht:
_____

Das ist unser liebstes Foto unseres Ausflugs:

Datum: _____   Spaßfaktor: ☆ ☆ ☆ ☆ ☆

79

Zeit für Cocktails

Einen gemütlichen Cocktailabend in einer netten Bar könnt ihr nicht nur in einer Gruppe erleben, sondern genauso gut auch zu zweit. Wenn ihr euch dann im gedimmten Licht gegenübersitzt, eure Lieblingscocktails vor euch habt und euch über Gott und die Welt unterhaltet, fühlt ihr euch vielleicht sogar wieder ein bisschen wie in eurer Kennenlernzeit. Romantisch, oder nicht?

Diese Cocktails haben wir getrunken:

_____

_____ _____

So sah der außergewöhnlichste Cocktail des Abends aus:

Datum: _____ Spaßfaktor: ☆☆☆☆☆

Wochenendtrip

Eine Auszeit ist immer gut, um die Seele baumeln zu lassen. Und dabei muss es sich nicht immer gleich um eine zweiwöchige Flugreise in die Karibik handeln. Sucht euch ein nettes Hotel, ein kuscheliges Airbnb oder eine romantische Hütte, um übers Wochenende einen Tapetenwechsel zu erleben. Ihr werdet sehen: Plötzlich sind die Herausforderungen eures Alltags ganz weit weg und ihr könnt gemeinsam neue Kraft tanken.

Dort hat uns unser Wochenendausflug hingeführt:

_____

_____

Wir konnten

◯ so richtig entspannen

◯ uns mal wieder intensiv unterhalten

◯ leider nicht so ganz loslassen

Datum: _____   Spaßfaktor: ☆ ☆ ☆ ☆ ☆

81

Überraschungsdates

Überrascht zu werden, ist in einer Partnerschaft wunderschön und ab und zu auch notwendig, um die Beziehung spannend zu gestalten. Dies können kleine Aufmerksamkeiten sein oder Gefallen, die ihr einander tut. Bei diesem Abenteuer plant ihr beide ein Überraschungsdate für euren Lieblingsmenschen. Ihr überlegt euch, wo es hingehen soll und was ihr zusammen erleben werdet. Legt jeweils einen Tag fest, an dem ihr beide Zeit habt, und lasst euch überraschen!

Wie sah Überraschungsdate Nummer 1 aus?

_____

_____

_____

_____

Und Überraschungsdate Nummer 2?

_____

_____

_____

_____

Datum: _____   Spaßfaktor: ☆ ☆ ☆ ☆ ☆

Ein Eisbecher für zwei

82

Das eigene Eis teilen? Im ersten Moment mag euch das vielleicht unvorstellbar erscheinen. Doch keine Sorge: Ihr bestellt einfach einen Eisbecher, der groß genug ist, damit ihr beide auf eure Kosten kommt. Möglicherweise fühlt es sich ein bisschen kitschig an, wenn ihr einen Eisbecher mit zwei Löffeln bestellt, aber lasst euch darauf ein und genießt ein romantisches Eis-Date. Übrigens haben viele Eiscafés sogar extra einen Eisbecher für zwei im Angebot.

Diese Eissorten fanden sich in unserem Eisbecher:

_____

_____

_____

Das Eis zu teilen, fiel uns

sehr schwer   superleicht

1   2   3   4   5   6   7   8   9   10

Datum: _____   Spaßfaktor:

Turn the music on

Alte Schallplattenläden mit einer riesigen Auswahl an Platten und Geräten, an welchen man probehören darf, haben einen ganz besonderen Charme. Sucht euch in eurer Stadt oder in einer Stadt in eurer Nähe ein solches Geschäft und entdeckt gemeinsam neue Bands oder Musikrichtungen, die euch gefallen. Wenige Dinge können so schnell Glücksgefühle in Menschen auslösen wie schöne Musik – und dieses Erlebnis zu teilen, macht umso mehr Spaß!

Wir waren in einem Plattenladen in _____

Diese Bands oder Künstler*innen haben wir neu für uns entdeckt:

_____

_____

_____

Unser Musikgeschmack ist

◯ ähnlich

◯ weit voneinander entfernt

Datum: _____   Spaßfaktor: ☆ ☆ ☆ ☆ ☆

Heldenhaft mit Pfeil und Bogen

84

Sich einmal im Leben fühlen wie Legolas, Robin Hood oder Katniss Everdeen: Diese Erfahrung könnt ihr machen, wenn ihr euch für einen Kurs im Bogenschießen anmeldet. Das Schöne an diesem Sport ist, dass ihr kein Vorwissen benötigt und die Einweisung normalerweise nicht allzu lange dauert. Und schon nach ein paar Übungsschüssen werdet ihr merken, wie ihr den Bogen immer besser im Griff habt. Motiviert euch gegenseitig und jubelt gemeinsam über jeden Schuss, der ins Schwarze getroffen hat.

Das war der Name unserer Kursleitung:
_____

Sind wir geborene Bogenschütz*innen oder brauchen wir noch ein bisschen Übung?
_____
_____

Wollen wir das mal wieder machen?

Lieber nicht.   Unbedingt!
| 1   2   3   4   5   6   7   8   9   10

Datum: _____   Spaßfaktor:

Quizzen im Pub

Testet ihr gerne euer Allgemeinwissen? Seid ihr Quizspiel-Fans oder kann man euch mit Trivial Pursuit eher jagen? Wie auch immer ihr diese Fragen beantwortet: Macht euch bereit, als Team bei einem Pub Quiz anzutreten. Hier geht es vorrangig sowieso darum, Spaß zu haben. Wenn ihr dann noch einige Fragen beantworten könnt, wird der Abend umso schöner. Also, schnell noch mal ein paar Hauptstädte und Ozeane pauken und ab ins Pub!

In diesen Kategorien waren wir richtig gut:

_____

_____

_____

Diese Themengebiete sind nichts für uns:

_____

_____

_____

Am Pub Quiz teilzunehmen,

○ hat uns viel Spaß gemacht

○ hat uns frustriert

Datum: _____   Spaßfaktor: ☆☆☆☆☆

Eine neue Sprache lernen

Türkçe konuşabiliyor musunuz? Das ist Türkisch und bedeutet: »Kannst du Türkisch sprechen?« Welche Sprachen beherrscht ihr? Und welche würdet ihr gerne sprechen und verstehen können? Sucht euch eine Sprache aus, die ihr zukünftig gemeinsam lernen wollt. Volkshochschulen beispielsweise bieten oft sehr viele verschiedene Sprachkurse an. Und zuhause könnt ihr dann fleißig zusammen üben. Tipp: Besonders spannend ist ein Kurs in Gebärdensprache.

Für diese Sprache haben wir uns entschieden:
_____

Diese Wörter kennen wir schon:

_____

_____

_____

_____

_____

Datum: _____ Spaßfaktor: ☆☆☆☆☆

Eine besondere Nacht

Wie wäre es, eine Nacht mal an einem ganz besonderen Ort zu erleben? Zum Beispiel in einem Baumhaus, einem Tipi, in einer Mühle, auf einem Hausboot oder in einer Scheune voller Heu. Macht euch im Netz auf die Suche nach außergewöhnlichen Übernachtungsmöglichkeiten und erlebt eine Nacht, die ihr niemals vergessen werdet.

So sah unsere Unterkunft aus:

Datum: _____   Spaßfaktor: ☆☆☆☆☆

Außergewöhnliche Shoppingtour

Bei diesem Date geht ihr gemeinsam auf Shoppingtour. Denkt ihr euch jetzt: »Das machen wir doch sowieso hin und wieder«? Dann lest schnell weiter, denn dieses Mal habt ihr eine spezielle Aufgabe. Sucht euch Kleidungsstücke und Accessoires, die ihr normalerweise niemals anprobieren würdet. Teilt euch eine Umkleidekabine und lacht gemeinsam über die schlimmsten Modesünden und staunt über Teile, die dann vielleicht doch gar nicht mal so schlecht aussehen.

So lustig war unsere Shoppingtour:

Dieser Schnappschuss ist dabei entstanden:

Datum: _____ Spaßfaktor:

89

Glamourös im Urlaub

Dieses Date könnt ihr erst in die Tat umsetzen, wenn ihr das nächste Mal gemeinsam in den Urlaub fahrt. Packt euch dann jeweils ein Outfit ein, das zu einem etwas eleganteren Anlass passt, denn in diesem Urlaub werdet ihr an einem Abend schick ausgehen. Ob ihr zum Beispiel ein Konzert besucht oder einfach nur schick essen geht, ist euch überlassen.

So haben wir den Abend verbracht:

_____
_____
_____
_____

Schick auszugehen, empfinden wir

○ als eher anstrengend
○ als eine schöne Abwechslung
○ als etwas, das wir gerne jeden Tag machen würden

Datum: _____ Spaßfaktor: ☆☆☆☆☆

Open-Air-Kino

90

Der Besuch eines Open-Air- oder Autokinos hat gegenüber dem normalen Kino den Vorteil, dass ihr viel mehr für euch seid und die Zweisamkeit so richtig genießen könnt. Ob eingekuschelt im Auto oder gemütlich auf einer Decke an der frischen Luft: An Romantik fehlt es bei dieser Unternehmung ganz bestimmt nicht. Sorgt für genügend Snacks und Getränke und packt euch eine warme Decke ein, falls es abends kalt wird.

Diesen Film haben wir uns angesehen:

_____

_____

Und zwar in diesem Kino:

_____

_____

Unser Lieblingsmoment des Abends:

_____

_____

_____

_____

Datum: _____ Spaßfaktor: ☆ ☆ ☆ ☆ ☆

91

Kunst und Kultur

Besucht eine Ausstellung oder ein Museum eurer Wahl und vertieft dadurch gemeinsame Interessen oder erfahrt Dinge, die ihr bisher noch nicht wusstet. Besonders schön ist ein solcher Ausflug, wenn ihr im Anschluss bei einem Kaffee oder Tee eure Eindrücke teilt und über Entdeckungen sprecht, die ihr gemacht habt. Keine Sorge, falls ihr nicht so sehr an klassischer Kunst oder Naturkundemuseen interessiert seid: Es gibt die unglaublichsten Museen und speziellsten Ausstellungen!

Dieses Museum / Diese Ausstellung haben wir besucht:

_____

_____

_____

Das hat uns am meisten gefesselt:

_____

_____

_____

_____

Datum: _____   Spaßfaktor: ☆ ☆ ☆ ☆ ☆

Battle auf dem Minigolfplatz

Wer von euch ist treffsicherer mit einem Golfschläger in der Hand? Wer jetzt ganz laut »Ich!« gerufen hat, darf das bei diesem Date direkt einmal beweisen. Gemeinsam einen Minigolfparcours zu durchlaufen, weckt euren Kampfgeist, macht unheimlich viel Spaß und ist eine tolle Möglichkeit, einen schönen Nachmittag zu zweit zu verbringen. Nicht vergessen: die Punktekarte mit dem Spielergebnis mitnehmen, um sie hier einzukleben:

Datum: _____   Spaßfaktor:

Hoch hinaus mit Muskelkraft

Bei diesem kleinen Abenteuer wird es wieder einmal sportlich und gleichzeitig ist euer Teamgeist gefragt: Sucht nach einer Kletter- oder Boulderhalle in eurer Nähe und findet heraus, wie es um eure Muskelkraft bestellt ist. Habt ihr diesen Sport noch nie ausprobiert, bucht zunächst einen Einführungskurs, damit ihr genau wisst, worauf zu achten ist. Bei dieser Aktivität habt ihr die Gelegenheit, einander Sicherheit zu geben, euch gegenseitig anzufeuern und gemeinsam über euch hinauszuwachsen.

Das war

○ unser erstes Mal Bouldern / Klettern
○ nichts Neues für uns

Diese Sportarten würden wir außerdem gerne mal gemeinsam ausprobieren:

_____
_____
_____
_____
_____

Datum: _____   Spaßfaktor: ☆☆☆☆☆

Zusammen etwas schaffen

94

Gemeinsam mit den eigenen Händen etwas herzustellen, löst ein wunderbares Gefühl der Zufriedenheit und Sinnhaftigkeit aus. Was würdet ihr gerne einmal zusammen erschaffen? Ihr könntet beispielsweise bei einem Töpferkurs eure eigene Keramik formen oder auch Keramik selbst bemalen. Vielleicht ist aber auch eher ein Brotbackkurs oder ein Workshop, bei dem ihr euren eigenen Adventskranz bindet, euer Ding?

Das haben wir gemeinsam geschaffen:
_____

Und hier ist ein Foto davon:

Datum: _____   Spaßfaktor: ☆☆☆☆☆

95

Kulinarischer Start in den Tag

Für einen schönen Tag voller Freude gibt es keine bessere Voraussetzung als ein gelungener Morgen. Setzt dieses Date am besten an einem Wochenende in die Tat um, an dem ihr keine großen Pläne habt und euch Zeit füreinander nehmen könnt. Beginnt den Tag mit einem ausgiebigen Frühstück oder Brunch in einem gemütlichen Café oder Restaurant. Je nachdem, wie unternehmungslustig ihr danach seid, schließt einen Spaziergang oder Stadtbummel an.

Das Frühstück / Der Brunch war

okay   1   2   3   4   5   6   7   8   9   10   sehr gut

Dort haben wir es uns schmecken lassen:

_____

_____

So haben wir den Rest des Tages verbracht:

_____

_____

_____

Datum: _____ Spaßfaktor: ☆☆☆☆☆

Ein Buch für dich, ein Buch für mich

Wer stöbert nicht gerne in einer Buchhandlung nach bekannten Schätzen und neuen Entdeckungen? Doch wenn ihr das nächste Mal gemeinsam einen Buchladen aufsucht, habt ihr eine ganz besondere Aufgabe: Jede*r von euch sucht dem oder der anderen ein Buch aus. Gebt einander keine Tipps und besprecht eure Wahl nicht, bis ihr bezahlt und das Geschäft wieder verlassen habt. Erst dann dürft ihr den jeweiligen Einkauf begutachten und über eure Wahl sprechen.

Diese beiden Bücher haben wir einander ausgesucht:

_____

_____

So gut haben sie uns gefallen:

Unser Buchgeschmack ist

○ ähnlich

○ sehr unterschiedlich

Datum: _____ Spaßfaktor:

97

Strike!

Macht euch warm für ein Battle in der Bowlinghalle! Obwohl ihr hier gegeneinander antretet, dürft ihr euch von Herzen für die Strikes des oder der anderen freuen und da ihr zu zweit seid, ist es eure Aufgabe, einander tatkräftig anzufeuern. Die meisten Bowlingcenter bieten auch einige Gerichte an – wenn ihr Lust habt, könnt ihr im Anschluss also bei einem guten Essen euer gemeinsames Spiel feiern.

So viele Strikes haben wir insgesamt erzielt: _____

Bowling bedeutet für uns:

○ ein Erfolgserlebnis haben
○ Spaß ohne Ende
○ Muskelkater am nächsten Tag

Wollen wir dieses Date mal wiederholen?

_____
_____
_____

Datum: _____ Spaßfaktor: ☆☆☆☆☆

Einen gemeinsamen Rhythmus finden

Könnt ihr euch noch an euren Tanzkurs als Jugendliche erinnern, falls ihr einen besucht habt? Hattet ihr Spaß dabei oder war es euch eher unangenehm? Welche Erfahrung ihr damals auch immer gemacht habt: Für euch als Paar bietet ein Tanzkurs eine wunderbare Möglichkeit, euch näherzukommen, gemeinsam etwas zu lernen und einander ungeteilte Aufmerksamkeit zu schenken. Entscheidet euch am besten für einen Tanz, den ihr beide noch nicht beherrscht. So habt ihr die gleichen Ausgangsbedingungen und könnt euch gemeinsam weiterentwickeln.

Für diesen Tanz haben wir uns entschieden:
_____

So war die erste Tanzstunde:
_____
_____
_____
_____
_____

Datum: _____   Spaßfaktor: ☆ ☆ ☆ ☆ ☆

Tickets for love

Der Besuch eines Konzertes, eines Musicals oder einer Vorführung wie zum Beispiel *Holiday on Ice* ist immer etwas Besonderes und schafft Erinnerungen, die man niemals wieder vergisst. Entscheidet euch für ein Event, das ihr besuchen möchtet, um zusammen eine solch sensationelle Erinnerung zu schaffen. Genießt die atemberaubende Atmosphäre der Performance und das Gefühl der Verbundenheit, das sich durch das gemeinsame Erlebnis einstellt.

Dieses Event haben wir besucht:

_____

_____

Es hat sich

nicht so wirklich   definitiv

|—1—2—3—4—5—6—7—8—9—10—|

gelohnt.

Am schönsten fanden wir daran:

_____

_____

_____

Datum: _____   Spaßfaktor: ☆☆☆☆☆

Unser bestes Date

Dieses allerletzte Abenteuer in diesem Buch ist ein ganz Besonderes. Mit ihm feiert ihr eure Liebe, eure Beziehung, eure gemeinsame Geschichte und eure ganz besondere Verbindung. Überlegt einmal: Welches Date war das allerbeste Date eurer Kennenlernzeit? Mit welchem Erlebnis und welchem Ort verbindet ihr die schönste und unvergesslichste Erinnerung? Genau dieses Date werdet ihr noch einmal zusammen erleben. Auch wenn dafür vielleicht ein bisschen Vorbereitung nötig sein sollte: Lasst es euch nicht entgehen, diesen einzigartigen Moment eurer Liebe zu feiern.

Hier haben wir unser bestes Date erlebt:
_____
_____

Das lieben wir am meisten an uns als Paar:
_____
_____
_____
_____
_____

Datum: _____   Spaßfaktor: ☆ ☆ ☆ ☆ ☆

Bibliografische Information der Deutschen Nationalbibliothek
Die Deutsche Nationalbibliothek verzeichnet diese Publikation in der Deutschen Nationalbibliografie.
Detaillierte bibliografische Daten sind im Internet über https://dnb.de abrufbar.

Für Fragen und Anregungen
info@m-vg.de

Originalausgabe
1. Auflage 2025
© 2025 by riva Verlag, ein Imprint der Münchner Verlagsgruppe GmbH
Türkenstraße 89
80799 München
Tel.: 089 651285-0

Alle Rechte, insbesondere das Recht der Vervielfältigung und Verbreitung sowie der Übersetzung, vorbehalten. Kein Teil des Werkes darf in irgendeiner Form (durch Fotokopie, Mikrofilm oder ein anderes Verfahren) ohne schriftliche Genehmigung des Verlages reproduziert oder unter Verwendung elektronischer Systeme gespeichert, verarbeitet, vervielfältigt oder verbreitet werden. Wir behalten uns die Nutzung unserer Inhalte für Text und Data Mining im Sinne von § 44b UrhG ausdrücklich vor.

Umschlaggestaltung und Layout: Sonja Stiefel
Abbildungen Umschlag und Innenteil: Adobe Stock/TWINS DESIGN STUDIO, Gopal, Matsabe, kuroksta, Minur, Maxchered, syoko, Jutish, Churochkin, Digisha, anatolir, nadiinko, palau83, nuengrutai, AAVAA, Fatin, SkyLine, ylivdesign, Sun
Satz: Müjde Puzziferri, MP Medien, München
Druck: Florjancic Tisk d.o.o., Slowenien
Printed in the EU

ISBN Print 978- 3-7423-2767-3

Weitere Informationen zum Verlag finden Sie unter
www.rivaverlag.de
Beachten Sie auch unsere weiteren Verlage unter www.m-vg.de